RENTRÉE
DE LA COUR IMPÉRIALE D'AIX.

DISCOURS

PRONONCÉ LE 4 NOVEMBRE 1861

A L'AUDIENCE DE RENTRÉE

DE LA

COUR IMPÉRIALE D'AIX

PAR

M. SAUDBREUIL

PREMIER AVOCAT GÉNÉRAL

DES

RÉFORMES JUDICIAIRES EN ITALIE

AIX

TYPOGRAPHIE REMONDET-AUBIN, SUR LE COURS, 53

—

1861

Depuis trois ans, les regards n'ont pas cessé d'être tournés du côté de l'Italie. Ce qui s'y passe est, en effet, bien digne de fixer l'attention et de passionner les âmes.

Un sol jonché de ruines, et qui semblait ne plus porter que la poussière des souvenirs, a tressailli. Une terre jadis privilégiée, berceau des arts, des lettres et des sciences, mais sur laquelle planait le silence des tombeaux, est tout à coup devenue la patrie des vivants.

Une nation que beaucoup estimaient digne du sort auquel elle avait été réduite, par ceux qui s'ingèrent quelquefois de disposer des destinées de la race humaine, a secoué le linceul dans lequel la diplomatie l'avait enveloppée, et, ressaisissant ses membres épars, elle a réclamé sa place au milieu des autres nations civilisées.

Un peuple, que beaucoup déclaraient fait pour porter les chaînes dont il était meurtri, les a brisées, avec l'appui d'un bras puissant qui se met volontiers au service des nobles causes, et il a solennellement exprimé son désir de vivre libre et uni sous le sceptre d'une dynastie populaire, et qui seule a donné des gages à son indépendance.

Mais il ne suffit pas à l'Italie d'affirmer son droit de vivre et son unité devant l'Europe. Pour que cette unité soit durable, ce qui est dans les cœurs et sur les lèvres doit aussi passer dans les institutions. De là, des problèmes redoutables, comme ceux qui se sont posés devant nos pères, lorsque, l'heure de la régénération ayant sonné, il leur fallut, de la même main dont ils tenaient l'épée héroïque qui a défendu la Révolution, tenir encore la plume qui a tracé les lignes de l'édifice sous lequel elle s'est ensuite abritée.

Une réforme est proposée dans l'ordre judiciaire en Italie. J'ai déjà pris la liberté de dire ce qu'à mes yeux, il fallait en penser.* Une étude plus attentive que j'ai faite du sujet me permet aujourd'hui de donner plus de précision et plus de développement à mes idées. Il m'a paru qu'il ne disconviendrait pas de le reprendre dans cette solennité. J'y trouverai, d'ailleurs, l'occasion de montrer la supériorité de nos institutions, et à quel point elles répondent aux besoins éternels de la justice, en même temps qu'aux exigences et aux conditions de la civilisation. Peut-être aussi, qu'il me soit permis de l'espérer,

* V. *Gazette des Tribunaux*, 13 juin 1861.

mes paroles, franchissant la frontière, ne seront-elles pas un inutile avis dans le grand débat qui ne peut tarder à s'ouvrir devant le Parlement italien. Et ainsi, me trouverai-je, à la fois, avoir accompli, — tenté du moins, une action utile et satisfait aux prescriptions de la loi.

Tout le monde connaît les éléments dont se compose le Royaume italien : il est d'hier. Nous avons tous assisté, avec des sentiments divers, mais non d'une âme indifférente, aux événements auxquels il doit sa naissance ; ce sont les plus éclatants, les plus prodigieux, dirai-je les plus inattendus? de l'histoire contemporaine. Je n'ai point à les retracer ici. Si le temps me le permettait, peut-être y aurait-il un curieux tableau à faire, au début de ces observations, ce serait celui des institutions judiciaires qui régissaient les différents États de l'Italie, au moment où ils se sont fondus en un seul. Je n'en rappellerai que ce qui est absolument indispensable à l'intelligence du sujet que je me propose de traiter. J'ai apporté le soin le plus attentif à me restreindre, mais la carrière à parcourir est encore longue, et je supplie la Cour, car la matière l'exige, de vouloir bien m'honorer de cette bienveillante attention à laquelle, depuis six années, elle m'a tant de fois et si doucement accoutumé.

I.

Dans les provinces restées italiennes, et qui, avec la Savoie et le comté de Nice, réunis à la France, composaient l'ancien royaume de Sardaigne, la justice civile, à quelques légères différences près, est aujourd'hui organisée à la française. Les procès y sont soumis à deux degrés de juridiction : ceux de médiocre importance aux juges de mandement, qui sont, au-delà des Alpes, ce que sont nos juges de paix de ce côté-ci, et ensuite aux tribunaux d'arrondissement. Les autres litiges sont portés, en première instance, devant les tribunaux d'arrondissement, avec faculté de déférer leurs jugements à l'appréciation des Cours d'appel. Cette faculté d'appel clôt les voies de ressort. Au-dessus, il n'y a plus qu'une Cour régulatrice, gardienne des lois et de la discipline, juge souveraine des compétences et des conflits, mais qui, à l'exemple de la Cour de cassation française, s'abstient scrupuleusement de s'immiscer dans le fond même des contestations soumises à la justice.

Ces institutions sont de date récente. Nous en avions doté la Sardaigne en la conquérant, au commencement du siècle, mais elle n'avait pas tardé à les perdre. Successivement améliorées dans ces derniers temps, l'honneur de leur nouvelle inauguration appartient au roi Charles-Albert, cet illustre vaincu de Novare, qui descendit du trône pour rester fidèle à lui-même, et qui, à la gloire d'avoir tenté d'affranchir l'Italie, réunit celle de lui avoir donné, dans ses Etats, les meilleures lois civiles dont elle ait encore joui jusqu'à présent.

La Toscane et les Deux-Siciles ont un régime judiciaire analogue à celui de la Sardaigne, avec cette différence, toutefois, qu'à côté des juges qui statuent au contentieux il existe, dans le royaume de Naples et en Sicile, une magistrature conciliatrice, et que les Cours de cassation qui siégent à Florence, à Naples et à Palerme ont une organisation, des caractères et des attributions dissemblables entre eux, et qui s'écartent plus ou moins de la pureté de l'institution, mieux représentée peut-être par l'ancienne Cour suprême de cassation sarde, qui aujourd'hui siége à Milan.

Je n'ai point à parler de l'ancienne organisation judiciaire du duché de Parme, ni de celles du duché de Modène, des Romagnes, de l'Ombrie et des Marches. Aussitôt annexées, Parme et Modène se sont empressées d'adopter les lois et l'ordre judiciaire des antiques provinces du Piémont. Il en a été de même des Romagnes, des Marches et de l'Ombrie, qui, du reste, par le seul fait de leur séparation du Saint-Siége, devaient perdre leur établissement juridique, cet établissement étant clérical, comme toutes les autres branches du service public, dans ces pays.

Les institutions judiciaires qui s'écartent le plus de celles de la Sardaigne, et, par conséquent, de celles de la France, sont les institutions de la Lombardie. Là, les procès subissent successivement trois degrés de juridiction. On porte les causes en première, en seconde et en troisième instance.

La justice est rendue, en première instance, par les tribunaux provinciaux, par les préteurs urbains et les préteurs ruraux. Les préteurs urbains ont une compétence limitée. Ils ne connaissent que des procès dont l'importance n'excède pas 1,500 livres autrichiennes, des demandes en reconnaissance de rente et d'usufruit, lorsque la valeur de la rente ou de l'usufruit annuel n'excède pas 75 livres autrichiennes, de toutes les contestations qui naissent du contrat de bail, du contrat de louage d'industrie ou de services, et de celles qui s'élèvent entre les voyageurs et les aubergistes, les possesseurs d'officine et leurs élèves, les voituriers, les barcarols et ceux qui les emploient. La préture urbaine partage, en outre, avec la préture rurale, la juridiction volontaire en matière de tutelles, curatelles et ventilations héréditaires. Mais, à la différence de la première, dont les attributions sont restreintes, la seconde exerce sur les campagnes la plénitude de juridiction. Aussi la justice de première instance, en Lombardie, offre-t-elle cette singularité que les controverses civiles s'y décident, quelle qu'en soit la valeur pécuniaire, tantôt par un tribunal, tantôt par un juge unique, selon qu'elles surgissent, ou non, dans les lieux où siège un tribunal provincial, de façon que la garantie de la pluralité des juges est subordonnée à la circonstance indifférente et accidentelle, ou de la demeure des plaideurs, ou de la situation de la chose en litige.

En seconde instance et en troisième, les causes sont jugées par la Cour d'appel et par le tribunal de troisième instance, qui, l'un et l'autre, sont établis à Milan. Le recours à la troisième instance est de droit dans toutes les affaires où il y a contrariété entre les sentences de premier et de second degré. Si les deux sentences sont conformes entre elles, les juges du troisième degré sont institués seulement juges de révision, et ne peuvent plus réformer que pour cause d'erreur évidente ou de manifeste injustice ; mais cela même implique de leur part examen du mérite de la contestation, de la forme comme du fond, du fait comme du droit, et les rend arbitres souverains et définitifs de tous les procès.

Dans tous les pays qui composent aujourd'hui le royaume italien, excepté en Lombardie, la justice se rend publiquement, après plaidoiries et sur les conclusions du ministère public. La publicité des audiences, ce beau privilége du barreau, qui fait sa force et son honneur, auquel il doit son plus grand renom de gloire, perpétué depuis les temps antiques jusqu'à nos jours, ce noble et beau privilége de pouvoir placer le bon droit sous l'égide de l'éloquence, et cet autre non moins beau privilége du ministère public d'éclairer le juge de sa parole désintéressée et de sa science, cette triple sauvegarde qui assure à la justice humaine le seul degré de perfection auquel il lui soit donné de parvenir, remonte en Toscane, à l'année 1778. Elle date du règne de ce Léopold qui, lorsque le sang, regardé comme l'expiation de la plupart des crimes, était encore versé à flots dans l'Europe entière, lorsque la vie humaine s'éteignait au milieu de la flamme des bûchers et dans les sombres horreurs de vingt autres supplices d'une barbarie savante, lorsque la torture était tenue pour un moyen légitime d'information et appliquée par les juges avec sérénité, s'est immortalisé pour avoir eu, le premier, la généreuse témérité, en écoutant la voix du philosophe Beccaria, de réagir contre ces atrocités, et, en dépassant le but à son tour, d'abolir même la peine de mort dans son petit Etat. Les garanties du débat oral et de la publicité sont anciennes en Piémont; partout ailleurs, où elles existent, elles sont récentes.

C'est nous qui les avons portées en Italie avec nos armes. Car, c'est une remarque qui n'est pas nouvelle que nos conquêtes ont été plus fatales au vainqueur qu'au vaincu. Partout où nos bataillons se sont montrés triomphants, nous avons laissé le bienfait de nos lois, semence féconde dont l'Europe a profité, sans nous en garder beaucoup de reconnaissance. Mais le bienfait qui s'impose par la force est un don funeste que la force reprend tôt ou tard. 1814 est venu, et nous n'avons pas été seuls à expier notre gloire. Une main dure, qu'elle connaissait de longue date, s'est de nouveau appesantie sur l'Italie. De nouveaux errements qu'elle garde encore ont été imposés à la Lombardie. Là, pas de plaidoiries, pas d'audiences publiques. Les défenses écrites s'entassent confusément, en première instance, dans un procès-verbal où les plaideurs versent tour à tour leur dictée, et qui, à un moment donné, se clôt sans que personne puisse y faire une rectification ou un redressement. La règle est même que, dès la première instance et avant le prononcé du jugement, la cause se trouve ainsi arrêtée et circonscrite. Aucune autre circonstance de fait ne peut être ajoutée, ni devant le tribunal d'appel, ni devant celui de troisième instance. Les avocats sont admis, dans de nouvelles défenses écrites, à combattre les motifs de la sentence contre laquelle ils s'élèvent ; ils peuvent soutenir que le fait a été mal apprécié, mais ils ne sauraient l'altérer, en y ajoutant de nouvelles circonstances ou de nouvelles preuves.

Si de nouvelles preuves, si de nouvelles circonstances de fait sont découvertes après la clôture de la cause en première instance, les parties ont la ressource de se faire relever de la déchéance encourue par la voie de la restitution *in integrum*, remède rarement invoqué, soit à cause de la difficulté de l'entreprise, soit que les hommes de loi, avertis de la nécessité de tout exposer et de tout prouver devant les premiers juges, y mettent la plus grande diligence.

Au moment qu'il croit opportun, soit en première, soit en deuxième, soit en troisième instance, le juge rend sa décision, sans appeler ni prévenir qui que ce soit, ou plutôt la consigne silencieusement sur un registre, n'ayant pour tous témoins de ses actes que sa conscience et son greffier.

Je ne dois pas omettre de dire que ces jugements, aussi bien que tous les actes de la juridiction volontaire, dans lesquels cependant son contrôle est une garantie si essentielle, interviennent hors du regard du ministère public, l'action des procureurs d'Etat étant exclusivement concentrée dans les devoirs de la vindicte publique et dans la protection des intérêts du fisc.

Chacun de ces tribunaux, indépendamment de sa forme particulière de procéder, trouve dans chaque Etat une législation spéciale à appliquer. En Sardaigne, dans le royaume de Naples et en Sicile, ce sont des Codes cal-

qués sur le Code civil français, qu'ils ont fondamentale-
ment altéré dans quelques-unes de ses parties essentiel-
les, corrigé et amélioré dans certaines autres. En Toscane, c'est le droit romain; en Lombardie, c'est encore le
droit romain, compliqué d'un ensemble de lois imposées
par la conquête et de provenance germanique. Le projet
du gouvernement italien est de remplacer ces diverses législations par une loi unique, et, déjà, un projet de Code
civil, sur le modèle du Code Napoléon, et un projet de
Code de procédure, auquel celui des Deux-Siciles sert de
matrice, sont à l'étude au sein de commissions composées
des hommes d'Etat, des jurisconsultes et des magistrats
les plus éminents de toute l'Italie.

II.

On songe aussi à faire régner l'unité dans les institutions judiciaires, mais ici les difficultés sont grandes.

Les bienfaits de l'unité dans la législation ne sont assurés et ne se conservent que par l'unité, non-seulement
dans la loi, mais encore dans l'application de la loi, autrement dit, dans la jurisprudence. Mais quoi! les appré-
ciations humaines sont diverses, capricieuses même. Que
de causes de divergence ! Que de tournures d'esprit
différentes ! L'interprète de la loi aux prises avec la loi,
c'est l'imperfection aux prises avec l'imperfection. Ce
qui paraît éclatant d'évidence à l'un est obscur et dou-
teux pour l'autre. Si appliqués que soient les juges à

remplir leurs devoirs, combien ne doivent-ils pas être attentifs à veiller sur eux-mêmes, pour se soustraire à l'empire de certaines maximes, aux antécédents de leur éducation, à la tyrannie même des préjugés! Puis, Labéon et Sabinus sont de tous les âges et de tous les climats. Le premier est pour le droit strict et tient que la lettre de la loi commande, l'autre veut que l'équité intervienne et la tempère. Heureux quand l'esprit de système ne s'en mêle pas, et, sous prétexte d'améliorations progressives, n'entreprend pas de substituer ses rêves généreux peut-être, mais inopportuns, à l'empire de la loi elle-même. Au milieu de causes de diversité si multiples, comment faire régner l'unité? L'expérience a répondu; un seul moyen se présente : l'établissement d'un tribunal unique, supérieur à tous les autres, qui, par l'ascendant de ses exemples et de son autorité, et, au besoin, en cassant leurs décisions, ramène les tribunaux au respect de la loi lorsqu'ils s'en écartent.

Partout où la magistrature est constituée d'une manière indépendante et doit porter ses garanties en elle-même, cette juridiction est en outre indispensable pour maintenir la discipline, régler les conflits qui peuvent s'élever entre tribunaux de circonscriptions différentes, et réprimer les excès de pouvoir.

Mais un premier embarras se présente. Les Italiens sont loin d'avoir, sur la chose jugée et ses conditions, la simplicité d'idées qui règne chez nous. En France, pour qu'il y ait chose jugée, ou, en d'autres termes, vérité judiciaire, il suffit d'une sentence, ne fût-elle émanée que d'un seul juge, pourvu qu'elle soit définitive et que le juge soit compétent pour la rendre. Dans certaines parties de l'Italie, au contraire, il en est de la vérité judiciaire comme de la vérité législative chez les peuples qui jouissent du régime constitutionnel. Sous l'empire de l'une et l'autre Chartes, la vérité législative, ou la loi, résultait en France de l'accord de trois pouvoirs. Sous l'empire de la Constitution qui nous régit, il suffit que l'accord règne entre deux, à la condition qu'ils se meuvent dans le cercle constitutionnel, ce qui est déclaré par un troisième. En Italie, beaucoup de jurisconsultes tiennent pour maxime qu'un seul tribunal et qu'une seule sentence ne peuvent créer la chose jugée, qu'il y faut ou deux sentences, ou davantage, émanées d'autant de tribunaux différents. Cette théorie, qui fleurit aussi en Allemagne, a été empruntée à l'Eglise, qui ne répute vérité judiciaire que celle qui a été proclamée par trois tribunaux successifs, et qui même, en certaines matières, sans compter les appels comme d'abus qui sont des voies extraordinaires, admet jusqu'à six appels depuis le curé jusqu'au concile. Là se trouve, on le pressent, le principe générateur du régime des trois instances, soit que, comme c'est la pratique du jour, la troisième instance soit un recours de droit ouvert dans tous les cas, soit que, comme quelques-uns le proposent à titre d'amélioration, on n'accorde le droit de se pourvoir, en troisième instance, que dans le cas de deux sentences contraires obtenues en première et en seconde instance.

Ce régime a sa raison d'être et trouve sa justification

dans un système de procédure tombé depuis longtemps
en discrédit chez nous, mais que l'Allemagne conserve et
qui a pénétré en Lombardie. C'est celui qui, au lieu d'a-
bandonner la preuve du fait à la libre appréciation de la
conscience des juges, la soumet à des règles fixes, imposées d'avance au magistrat, et la fait dériver de certaines
combinaisons et de certains calculs. Ces règles, ces combinaisons, ces calculs constituent ce que l'on appelle le
droit probatoire, réputé une dépendance de la cabale ou
de la science hermétique. Les secrets de cette science
sont connus : ils se résolvent en une arithmétique fasti-
dieusement puérile et des plus dangereuses, sous le poids
de laquelle le bon droit succombe souvent, et qui peut
conduire à ce résultat effroyable, en matière criminelle,
de condamner le juge à envoyer à la mort celui que sa
conscience absout.

On conçoit que de telles computations ne sauraient
être trop vérifiées.

Il semblera peut-être que je cède ici à une sorte de fan-
taisie rétrospective, et que, remontant les pentes de l'histoire, je me replonge, à plaisir, au milieu des ténèbres
du passé. La Cour verra bientôt que je fais de l'histoire
contemporaine, et qu'auprès de certains esprits l'hermétique et le droit probatoire n'ont rien perdu de leur
prestige.

Or, la première question qui s'offre à décider est celle-
ci : Combinera-t-on le régime de la troisième instance
avec la cassation ? En d'autres termes, superposera-t-on,
au-dessus de trois degrés de juridiction juges des ques-

tions de fait et de droit, un quatrième tribunal qui sera encore juge de la question de droit? Il me sera facile de montrer que c'est là le programme auquel on aboutit, en réalité, mais personne ne songe à l'offrir directement.

Si nous avions à résoudre le problème de l'organisation judiciaire italienne, — avec nos idées françaises rien ne nous paraîtrait plus aisé. Il existe, dans chacune des provinces qui forment l'ensemble des Etats dont se compose aujourd'hui le royaume italien, une Cour d'appel, et, au-dessus des Cours d'appel, un tribunal supérieur par chaque Etat. Qui empêche qu'en instituant une Cour suprême au centre, on fasse disparaître ces grands corps judiciaires de la circonférence? Ainsi se trouverait rendu général, à toute l'Italie, un système qui paraît avoir été adopté partout où les Italiens ont plus ou moins influé eux-mêmes sur leurs propres destinées.

Il en coûterait quelque atteinte à des droits acquis, on y pourvoirait par de larges compensations; quelque changement dans les habitudes, que sont de tels sacrifices à côté du but à atteindre?

Mais ce qui nous paraît très simple, à nous, est loin d'être jugé tel dans la Péninsule.

Rien ne ressemble moins, par certains côtés, au mouvement dont la Révolution française a été la dernière et définitive explosion, et qui se trouve aujourd'hui consacré par nos institutions, que le mouvement italien, dont nous avons le spectacle sous les yeux. La Révolution française a été surtout dirigée, on pourrait même dire exclusivement dirigée contre les abus du régime intérieur, abus qui avaient leur siége et leur rempart dans les institutions elles-mêmes, dont ils étaient le principe. Aussi le premier acte de la Révolution française, devenue victorieuse, a-t-il été de jeter par terre l'ancien édifice, et une nuit d'enthousiasme y a suffi.

La Révolution italienne a sa cause principale dans la haine de la domination étrangère, et son but a été, il reste encore de rendre l'Italie à elle-même. Les Italiens n'ont aucune aversion contre leur régime intérieur. La main de l'Autriche seule le leur rendait odieux. De là, une tendance en Italie à conserver, des institutions de ce pays, tout ce qui peut être compatible avec son unité.

L'unité italienne elle-même a de profondes différences avec l'unité française, et qui ne laissent pas que d'influer notablement sur la manière dont le problème de l'organisation intérieure du Royaume est conçu.

Lorsque la France proclama son unité, en 1789, elle était déjà faite. L'unité est la passion qui, de son souffle, anime notre histoire depuis le règne de Hugues-Capet jusqu'à la nuit du 4 août. La France y a travaillé pendant huit siècles, d'un effort indomptable et persévérant, et l'on peut dire que, devant son unité à conquérir, tout autre but à atteindre lui a paru secondaire. Aussi, la Révolution, pour consacrer à jamais et rendre impérissable cette grande unité française, n'a-t-elle eu qu'à la purifier de son souffle, en la dégageant du privilége qui l'obscurcissait.

Toute autre a été la marche de l'unité italienne, qui elle, au contraire, n'a aucune racine dans le passé. Ce qui caractérise l'histoire de la Péninsule italique, c'est, comme dans la Grèce antique, l'esprit de morcellement, d'indépendance et d'antagonisme réciproques, et cet esprit était encore vivant, il y a peu d'années.

A défaut de tradition historique, on a voulu en créer une à l'unité dans la pensée des grands esprits. On a cité Dante et Machiavel.

Dante, proscrit par sa patrie, poursuivi par le spectre des factions qui l'ensanglantaient, de guelfe qu'il était se fit gibelin. Mais qui ne sait que si, lorsqu'il mangeait le pain amer de l'exil, lorsqu'il montait l'escalier si rude à gravir de la maison de l'étranger, il arriva quelquefois à Dante, au souvenir des discordes qui déchiraient le sein de l'Italie, de rêver pour elle des destinées paisibles sous la main d'un prince unique, ce prince, dans sa pensée, n'était autre que le César germanique. Je ne suppose pas que cette unité ait jamais été faite pour séduire les cœurs italiens.

On élève aujourd'hui des statues à Machiavel, comme à un précurseur de l'unité. Une telle conception n'était pas au-dessus de la portée de cette grande intelligence. Mais qui ignore que si Machiavel a demandé que l'Italie n'eût qu'un seul roi, ce roi devait être l'idéal des tyrans, l'abominable César Borgia, celui-là même dont Machiavel n'a eu qu'à réduire les actes en maximes pour en tirer son livre du *Prince*. Est-il bien à regretter que ce projet n'ait pas fait fortune?

Qu'on ne cherche ni à s'abuser, ni à faire illusion aux autres, l'idée unitaire, en Italie, est de date moderne.

Nous avons presque tous assisté à son éclosion. Nous pourrions, au besoin, si la solennité de cette audience n'y mettait obstacle, lui donner le nom propre sous lequel elle se produisit d'abord. Née dans les sectes, où elle ne pouvait que se compromettre et se discréditer, elle en est sortie pour être purifiée, ennoblie par le patriotisme, et pour être rendue applicable et pratique par les soucis, les veilles, le courage et la persévérance des hommes d'Etat.

Et ici, comment imposer silence aux sentiments dont mon âme est envahie ! Comment l'involontaire hommage, qui monte de mon cœur à mes lèvres, et que le monde entier a rendu au grand ministre dont l'Italie pleure la perte, pourrait-il ne pas trouver place dans ce discours ?

Tu duca, tu signore e tu maestro :

Ainsi parlait Dante s'adressant à Virgile, au moment où, par le chemin âpre et sauvage, ils allaient pénétrer ensemble au milieu des sombres profondeurs de l'enfer.

Lui aussi, il fut un maître et il fut un guide. Tour à tour audacieux et prudent, mais toujours résolu, d'une activité infatigable, toutes les puissances de son vaste et ferme esprit, sans cesse en éveil, étaient tendues vers le but qu'il poursuivait sans relâche, et chaque effort l'en rapprochait davantage.

C'est lui qui, avec sa perspicacité profonde, et lorsque les patriotes éperdus cherchaient encore d'où leur viendrait le salut, devina le premier, mais en voilant habilement son dessein, que l'indépendance de l'Italie devait être conquise en Crimée. Il savait que personne n'a jamais perdu à avoir la France pour obligée, et que, sous un Gouvernement dont l'honneur est d'avoir compris que le dévoûment est une force, et que le principal ascendant de ce généreux pays est dans le penchant qui le pousse à se prodiguer sans cesse, les services que l'Italie pourrait rendre lui seraient payés au centuple. Puis ainsi, n'aurait-il pas le droit de la faire asseoir au milieu des puissances, et, en déchirant le voile complaisant dont on voulait masquer la vérité, de montrer à nu les plaies saignantes de cette nation condamnée au silence, et dont nous sentions d'ici les sourds tressaillements.

A partir de ce jour, l'attention ne l'a plus quitté. Mon intention n'est pas de le suivre dans son imposante carrière, marquée par tant de succès, et que la mort est venue interrompre au milieu du deuil universel.

Il ne lui a pas été donné de toucher le terme définitif auquel il voulait atteindre; mais il a frayé la route et montré le but, d'autres le remplaceront. Pour lui, Messieurs, sa tâche accomplie, il est allé se reposer dans le Panthéon des grands hommes, où sa place était marquée d'avance, à côté des Richelieu, des William Pitt, des Robert Peel et des Washington.

Notre désunion fait notre faiblesse. C'est à elle que nous devons d'avoir vu toutes nos tentatives d'affranchissement aboutir à de stériles avortements. C'est à elle que tant de martyrs de la liberté doivent d'avoir rougi les échafauds d'un sang inutile. Réunissons ensemble toutes nos forces, et nous serons maîtres de notre sort. Telle est la pensée fondamentale de l'unité italienne.

Aujourd'hui, l'unité enflamme tous les esprits, elle fait battre l'Italie d'un seul cœur, et pourtant il est vrai de dire qu'elle est plutôt une œuvre de propagande, que le résultat d'un travail intime, et que le mouvement auquel elle a donné lieu est réfléchi, prémédité plutôt qu'instinctif. De là, beaucoup d'incertitude dans les vues, lorsqu'il s'est agi de la constitution intérieure du nouveau royaume.

On a conçu d'abord la pensée de conserver aux anciens Etats qui le composent une certaine existence distincte, et, sous le nom effacé de *régions*, d'en faire des circonscriptions intermédiaires entre la Province et l'Etat.

Telle est la base du système administratif proposé au commencement de la session du Parlement par M. Minghetti, ministre de l'intérieur, et qui a soulevé tant de clameurs. Telle est aussi la clef de voûte du système judiciaire auquel on avait songé.

III.

C'est, en effet, en ces termes qu'au mois de janvier dernier, la question a été posée, par M. le garde des sceaux Cassinis, à une Commission présidée par lui, et des lumières de laquelle il a désiré s'éclairer :

Concilier le besoin de conserver, dans les principaux centres du royaume italien, de grands corps judiciaires supérieurs aux Cours d'appel, avec celui de protéger la discipline, de veiller à l'exacte observation de la loi, de maintenir l'unité de la jurisprudence, de pourvoir, enfin, au cours régulier de la justice, au moyen d'une autorité centrale, unique et suprême.

La proposition ayant été mise en délibération, un des membres de la commission s'est demandé si, dans les circonstances présentes, il ne vaudrait pas mieux ne point aborder un sujet si grave, en maintenant provisoirement les choses comme elles étaient auparavant dans tout l'Etat, et réserver à un temps plus opportun l'établissement d'un ordre judiciaire définitif et stable. Ce parti ayant été écarté, la commission a d'abord été unanime pour reconnaître la nécessité de maintenir et au besoin de créer, dans les principaux centres du royaume, de grands corps judiciaires supérieurs aux Cours d'appel, avec cette distinction, toutefois, que, tandis que les uns ont entendu voter ce maintien ou cette création comme une mesure transitoire, les autres l'ont admis à titre définitif, comme appuyé de raisons intrinsèques et permanentes, et répondant aux conditions viscérales de la justice.

L'établissement d'une autorité judiciaire centrale, unique et suprême n'a pas de suite réuni le même assentiment.

L'expérience, a dit un commissaire, n'a pas justifié l'institution de la Cour de cassation, qui ne présente pas, dans le fait, l'utilité et la valeur qu'elle promet théoriquement. Créée pour assurer l'uniforme application de la loi, elle ne peut atteindre son but, parce que l'opinion des hommes n'est pas immuable, que les hommes sont mortels, et que les jurisconsultes ne peuvent parvenir à ce haut conseil que dans un âge avancé. Les lois étant codifiées, dans le progrès actuel de la science légale, il n'y a pas lieu de craindre beaucoup de cas de divergence, dans l'interprétation générale, entre un petit nombre de Cours suprêmes de justice. Ces quelques divergences seraient, au surplus, aisément levées au moyen d'une révision périodique des Codes, et, quant à l'organisation judiciaire nouvelle, le mieux serait de maintenir, dans les grands centres du royaume italien, des Cours suprêmes de justice et de ne point créer une Cour unique de cassation. Il resterait à pourvoir aux conflits de juridiction, aux règlements de compétence. Rien de plus simple. Le Roi serait chargé de statuer sur eux, en prenant l'avis du conseil d'Etat.

Mais, à ces observations, il a été victorieusement répondu, sur la cassation d'abord, que l'expérience du Piémont lui-même était là pour la justifier, ce pays n'ayant obtenu un peu d'uniformité dans sa jurisprudence que depuis l'établissement de sa Cour suprême, tandis que, lorsque les Sénats sardes étaient souverains, chaque Sénat avait sa jurisprudence et ses maximes, et que, d'un Sénat à l'autre, il y avait diversité dans l'interprétation et dans l'application des lois communes. Non moins péremptoire a été la réponse relative aux conflits, aux compétences et même aux excès de pouvoir, dont le préopinant n'avait pas parlé. Ces irrégularités, ces embarras ne se manifestent que dans des jugements. Or il est de principe qu'un jugement ne s'annule et ne se corrige que par le moyen d'un autre jugement, ce qui exclut la compétence du Roi et même du Parlement, la séparation de l'ordre judiciaire, des pouvoirs législatif et exécutif étant non-seulement une règle écrite dans le Statut, mais encore un principe fondamental de toute société libre.

Ces raisons étaient saisissantes, elles ont entraîné le seul des membres de la commission qui s'était porté l'adversaire d'une autorité judiciaire centrale, et la seconde partie de la proposition du garde des sceaux a fini par réunir l'unanimité des suffrages, comme la première.

Il ne restait plus qu'à savoir entre les mains de qui cette autorité serait remise et qu'à régler la compétence, le caractère et les attributions respectives du tribunal suprême et des Cours régionales supérieures.

On a un moment songé à la possibilité d'assurer l'uniforme application de la loi, en réunissant annuellement les chefs des hautes Cours de justice et les chefs du ministère public près ces Cours, afin d'examiner et de discuter les points de divergence remarqués dans l'application de la loi et de choisir la meilleure opinion pour servir ou de guide pour les décisions futures, ou de lumière pour la formation des lois interprétatives. Mais on n'a pas tardé à reconnaître les inconvénients d'un tel expédient, qui laissait, sans solution sérieuse, la plupart ainsi que les plus importants des problèmes soulevés, et l'idée d'une *Cour suprême de justice* a bien vite prévalu.

Le règlement des attributions respectives de cette Cour et des Cour régionales supérieures était la tâche délicate de la commission. Voici le système auquel, après quelques tàtonnements, et cette fois encore à l'unanimité, elle s'était arrêtée comme à celui qui pouvait le mieux maintenir l'équilibre entre ces juridictions.

Les Cours de justice régionales auraient pris le titre de *Cours de révision*. Elles auraient eu, dans leurs ressorts respectifs, les mèmes attributions qu'y exercent actuellement les diverses Cours de cassation. On leur aurait accordé, en outre, expressément les jugements de révocation, ce qui aurait fait disparaître le doute qui existe sur le point de savoir si les moyens révocatoires doivent être proposés en cause d'appel ou par recours en cassation.

La Cour de révision, en admettant les recours, aurait eu la faculté de suspendre l'exécution des jugements attaqués.

Elle aurait décidé elle-mème le point en controverse jugé différemment par la sentence cassée ou révoquée, appliquant le droit au fait, faisant mème usage, sur le point décidé, des pouvoirs discrétionnaires du juge, et ne renvoyant la cause que pour son cours ultérieur, en conséquence du jugement de la Cour de révision.

La Cour suprême de justice aurait été chargée, de son côté, de régler les conflits, de réprimer les excès de pouvoir, de protéger la loi en cassant les sentences qui en auraient été évidemment violatrices, et en respectant celles qui se seraient bornées à l'interpréter dans un sens plutôt que dans un autre. Elle n'aurait eu que ces seules attributions, ainsi que celles qui peuvent être regardées comme indispensables pour assurer l'unité de la jurisprudence nationale . et l'uniforme application de la loi dans l'Etat.

Le recours à la Cour suprême n'aurait été qu'un moyen extraordinaire et extrême, non ouvert tant qu'un autre moyen d'annulation, de réparation ou de révocation de la sentence aurait été praticable. On ne l'aurait accordé pour violation de la loi que s'il s'était agi des lois générales. Le ministère public seul aurait eu, dans tous les cas, le droit de se pourvoir dans l'intérêt de la loi. Mais les plaideurs n'auraient pu recourir à la Cour suprême contre une sentence de Cour de révision qu'à la charge de prouver que le même point de droit, sur la même disposition de loi, avait été déjà décidé en sens contraire, soit par une autre Cour de révision, soit par la Cour suprême elle-même.

C'est sur ces bases qu'un des commissaires avait été chargé de rédiger un projet de loi, mais les procès-verbaux de la commission ayant été rendus publics, ils ont soulevé autour d'eux une véritable tempête.

Que prétendez-vous faire avec vos ménagements inopportuns, se sont écriés les partisans de la cassation? En cherchant à concilier la nécessité d'assurer l'unité dans la jurisprudence, par la création d'un Tribunal unique et suprême, avec la conservation des Cours supérieures dans les différents centres du royaume, vous amalgamez ensemble tous les systèmes, ainsi vous détruisez ce que chacun d'eux a de bon, et vous n'aboutissez qu'à des contradictions et à des non-sens. Par les attributions que vous accordez aux Cours de révision, vous en faites un nouveau degré de juridiction — donnons-lui son véritable nom : — un tribunal de troisième instance, et cela, dans quel moment? Lorsque vous abolissez la procédure qui seule peut excuser ce mécanisme compliqué. Quel est le principe sur lequel repose le régime des trois instances? C'est cet axiome de sens commun que, pour pouvoir se prononcer entre deux opinions diverses, il est nécessaire de soumettre le différent à un troisième juge qui le fixe par sa décision. Ce système réclame, comme condition indispensable, que les sentences des tribunaux saisis interviennent sur une cause identique. D'où la nécessité de clore et d'arrêter le débat, en première instance, avant le prononcé du jugement. Or, comment ces tribunaux seront-ils assurés de statuer sur le même litige, si vous donnez aux parties et aux juges la latitude de changer les termes du débat jusque devant le troisième degré de juridiction ?

Autre contradiction. Le régime de la troisième instance est réputé exclusif de la cassation. Vous, au contraire, sous prétexte que le troisième degré s'appellera Cour de révision, sur cet échafaudage de juridictions, si onéreux aux justiciables et qui promet une justice si lente, vous établissez encore un système de recours et un tribunal où ils doivent être portés. Ne voulez-vous considérer les Cours de révision que comme des corps judiciaires investis de la prérogative de la cassation, la création d'un Tribunal supérieur à ces juridictions serait encore une anomalie. N'est-il pas contradictoire, en effet, qu'un tribunal soit régulateur et que sa sentence puisse être revue et corrigée. On n'admet pas plusieurs degrés de cassation.

Enfin, le système adopté offense le principe de l'égalité, puisque la Cour suprême ne peut être abordée par tous, mais seulement par ceux qui ont à citer une sentence favorable. On ne comprend pas comment cet accident, extrinsèque au mérite du litige, peut influer sur la concession du remède. Une Cour de révision peut violer la loi, aussi bien lorsque sa sentence est conforme à d'autres jugements que lorsqu'elle ne l'est pas. C'est même lorsqu'elle interprète pour la première fois l'article qu'elle est le plus exposée à rencontrer l'erreur sous ses pas. Pourquoi, dans ce cas, le recours n'est-il pas permis?

D'où naissent tous ces embarras? Du désir qu'on a de concilier même ce qu'il y a de plus contradictoire. Un système n'est bon que lorsqu'il est un et harmonique. Ayez le courage d'opter et d'appeler les choses par leur nom. Voulez-vous du régime de la troisième instance? Prenez-le avec toutes ses conséquences et les exigences de sa procédure, mais ne l'embarrassez pas du régime, vis-à-vis de lui abusif, de la cassation. Voulez-vous au contraire du régime de la cassation? Supprimez hardiment votre troisième degré de juridiction.

IV.

Le régime de la troisième instance et sa procédure cabalistique ont aujourd'hui leur principal théâtre en

Allemagne. Ils y ont été apportés d'Italie, avec le droit romain, au milieu des guerres nées de la lutte entre le sacerdoce et l'empire.

C'est sous ce régime que la justice est aujourd'hui rendue à Vienne. Nous l'avons vu, en plein exercice, sur les bords du Rhin, dans le grand duché de Bade, où il nous souvient d'avoir suivi un procès intéressant un pauvre orphelin, et d'avoir bien longtemps et bien impatiemment attendu qu'un droit, évident comme la clarté du jour, fût consacré par la cour de Manheim, comme il l'avait été par le tribunal de Carlsruhe, et, avant lui, par le bailli de Kork.

Dans la Hesse, les pays situés sur la rive gauche du Rhin, et qui ont appartenu à la France, ont conservé les lois françaises ; ceux de la rive droite sont régis par la législation allemande. Or, la Cour supérieure de Hesse, qui siége à Darmstadt, offre cette particularité remarquable qu'elle est, à la fois, Cour de cassation pour les anciennes provinces françaises, et Tribunal supérieur de troisième degré pour les pays allemands.

C'est donc évidemment la conquête qui, après avoir emporté ce régime loin de l'Italie, le lui a imposé de nouveau. De là, cependant, et des vices intrinsèques du système, qu'on ne se hâte pas de conclure qu'il n'est pas populaire en Italie. Le régime de la troisième instance y a, au contraire, ses partisans déclarés, et ils sont nombreux, ses organes accrédités et influents. Dans le procès-verbal de la commission, il est facile de voir que ses principes et ses exigences préoccupent et dominent perpétuellement ceux mêmes qui le repoussent. M. le garde des sceaux Cassinis a été hautement félicité par la presse, comme d'un acte de la plus louable impartialité, pour ne s'être pas déclaré résolument l'adversaire de ce système.

Mais le régime des trois instances a trouvé surtout un défenseur aussi éloquent que convaincu dans un des jurisconsultes les plus considérables de l'Italie, M. Gaëtano Bandi, président à la Cour de cassation de Milan, qui, dans un écrit destiné à M. le garde des sceaux et livré par lui à la publicité, a dressé contre la cassation française un véritable réquisitoire. L'importance de ce document, le grand renom de son auteur, le retentissement qu'il a eu en Italie ne permettent pas qu'il soit passé sous silence. Mais ici mon embarras est grand. Les idées qui servent de base aux censures de M. le président Bandi sont si nouvelles, à force d'être anciennes, et nous en sommes tellement déshabitués, que l'analyse en est presque impossible. Traduire? je le voudrais, mais l'heure s'avance et je dois me hâter. Je vais essayer de réduire ce travail, en lui conservant autant que possible sa physionomie, et en évitant de reproduire les observations qui ont déjà trouvé leur place dans cet exposé.

« Comme le droit a sa source dans le fait, dit l'éminent
« et honorable magistrat dans l'écrit qui nous occupe, il
« est nécessaire que les tribunaux déclarent avec vérité
« le cas auquel ils appliquent la loi, autrement, au lieu
« d'administrer la justice, ils la faussent. A la certification
« du fait est employée la critique judiciaire. Ses règles ont
« leurs racines dans le droit romain ; elles ont été recueil-

« lies et perfectionnées par la jurisprudence universelle,
« et sont le complément nécessaire de toute législation.
« Elles composent le Code du droit probatoire, trésor iné-
« puisé non-seulement de principes, mais, ce qui im-
« porte d'avantage, de sages applications dans lesquelles
« le jurisconsulte peut presque toujours trouver l'auto-
« rité du cas identique et de l'analogie. Il est nécessaire
« que les tribunaux s'attachent à ce Code, dans l'évalua-
« tion des preuves et dans l'interprétation des volontés,
« parce qu'il est l'étoile polaire qui peut les guider vers
« le vrai, sur la très mobile mer des probabilités, parce
« qu'il est le palladium du droit et de la justice.

« Malheureusement, de nos jours, cette branche du
« droit n'est plus en honneur, depuis que le rationa-
« lisme a usurpé le règne de la critique, en se faisant ar-
« bitre de la question de fait. Les législations modernes,
« au lieu de résister à cette corruption, l'ont aidée puis-
« samment, en adoptant certaines nouveautés d'outre-
« mont et d'outre-mer, et parmi elles la Cassation.

« Comme chacun sait, la cassation décide du droit, sans
« se préoccuper du fait, qu'elle suppose déclaré avec
« vérité par la sentence qui lui est dénoncée. Et une des
« raisons par lesquelles on prétend légitimer cette sin-
« gulière institution, est que la loi n'arrive pas à dominer
« la question de fait, c'est pourquoi la sentence, qui
« statue sur le fait, ne peut jamais être viciée par une
« erreur de droit.

« Parler ainsi, c'est abolir entièrement le droit pro-
« batoire, tenu pour être une si grande et si noble par-

« tie de la jurisprudence. En effet, si la loi se reconnaît
« impuissante à régler la décision du fait, les lois romai-
« nes, qui interprètent tant de formes de volonté et
« déterminent la valeur probative de tant de faits, cessent
« d'avoir autorité et peuvent être violées impunément,
« l'hermétique n'est plus une partie de la jurisprudence
« et le complément du droit. Cette indifférence de la loi
« pour les règles de la critique judiciaire montre qu'elle
« ne croit pas à leur vérité, et le scepticisme du législa-
« teur a dû se propager jusqu'aux tribunaux, qui en font
« profession éclatante, en se disant constitués *souve-*
« *rains du fait.* Par ce moyen, la loi élève à la hauteur
« d'un *criterium* de la vérité du fait la raison privée
« du juge, elle dispense celui-ci de le déclarer scientifi-
« quement, et abandonne à un arbitraire funeste l'ad-
« ministration de la justice, dans sa partie la plus
« vitale........

« Mais pourquoi la même loi, qui veut que la décla-
« ration de fait soit respectée en cassation, permet-elle
« qu'elle soit corrigée en appel ? Si la cassation n'a pas
« le moyen de la convaincre d'erreur, comment un autre
« tribunal pourra-t-il l'avoir ? Et si un autre tribunal le
« peut, comment la cassation ne le pourra-t-elle pas ?
« Comme pour convaincre d'erreur la décision du fait,
« il est nécessaire de démontrer que les règles de la cri-
« tique judiciaire ont été violées, la loi, quand elle le
« veut, admet évidemment leur vérité et les reconnaît
« partie d'elle-même. Il est donc contradictoire qu'au
« nom de la même loi, le tribunal d'appel doive corriger

« l'erreur du fait, et la cassation la respecter, comme
« impossible à vérifier.......

« Puis, quel est donc ce tribunal qui fait grâce à
« l'erreur, à condition qu'elle tombe sur le droit proba-
« toire, ou qu'elle soit voilée par une déclaration de fait,
« comme si alors elle n'offensait pas la justice? qui sanc-
« tionne le droit des parties, sans se préoccuper si sa
« cause subsiste ou non, et même bien qu'il connaisse
« qu'elle ne subsiste pas? qui respecte même l'erreur
« de droit, si on ne lui cite pas la loi violée? qui décide,
« non selon la vérité des choses, mais selon une suppo-
« sition? Comment la cassation peut-elle s'appeler tri-
« bunal supérieur, si elle juge sur l'autorité de la même
« sentence qu'elle revoit? Quelle institution singulière
« qu'un tribunal qui décide des hypothèses, qu'un corps
« académique avec juridiction! Telle est pourtant, en
« dernière analyse, la cassation.........

« Le projet fait observer que c'est une nécessité poli-
« tique qu'un seul tribunal supérieur fixe l'interpréta-
« tion des lois et maintienne la discipline dans les tri-
« bunaux et l'uniformité dans la jurisprudence.

« Cependant, je ne vois aucun inconvénient à ce que
« la même loi, dans les premiers temps de son applica-
« tion, soit interprétée d'une manière à Florence et
« d'une autre manière à Turin. Et s'il y a un inconvé-
« nient, il dérive de la nature des choses, étant assez
« rare que la première interprétation des lois nouvelles
« soit adoptée comme vraie, et la jurisprudence étant
« assez lente à se fixer. Les Cours de révision s'éclaire-

« ront réciproquement, et, du conflit de leurs décisions,
« *provando e riprovando*, surgira un jour le *jus re-*
« *ceptum*. Comme, à fixer l'interprétation du droit ro-
« main, ont contribué les jurisconsultes et les tribunaux
« de tous les pays civilisés, ainsi, à interpréter le nouveau
« Code, concourront tous ceux de l'Italie. Alors l'inter-
« prétation sera sage, parce qu'elle sera libre quand elle
« ne sera pas tyrannisée par un tribunal investi du pri-
« vilége de l'infaillibilité et du monopole de la jurispru-
« dence. L'autorité ne doit pas être la chose privée d'un
« tribunal, mais la récompense des jugements librement
« reconnus. Au concile universel des tribunaux, non à
« une seule cassation pontificale, il appartient de fixer
« les dogmes de l'interprétation. Le système de la cassa-
« tion, c'est la servitude de tous les tribunaux, il suspend
« l'épée de Damoclès sur ceux qui s'insurgent contre ses
« décisions, parce que tous sont contraints à accepter,
« sans examen, l'avis de la cassation, comme si c'était
« la dernière parole de la vérité. Par ce moyen, la juris-
« prudence n'exprime pas le vote universel de la magis-
« trature, mais celui d'un seul corps de judicature......
« .... A les bien considérer, les variations de la
« jurisprudence sont l'effet de la nouveauté des lois.
« Si l'on veut faire disparaître l'anarchie des tribunaux,
« on n'a qu'à donner de la stabilité à la législation, et
« surtout à renoncer à la funeste illusion des Codes de
« type français, qui sont le lit de Procuste du droit, et
« n'ont fait, ne font et ne feront, parce qu'ils ne peu-
« vent pas faire autre chose, que l'estropier et le muti-

« ler. Le droit est sculpté éternellement dans les *Pandec-*
« *tes,* et vit dans le langage souverain et seul digne des
« jurisconsultes romains. A son immortalité politique
« convient la majesté d'une langue héroïque, et même
« l'immutabilité d'une langue morte. Balbutié par nos
« langues modernes, déchiqueté en articles et en para-
« graphes dans nos Codes, il produit sur moi la doulou-
« reuse impression que me ferait l'œuvre de Michel-
« Ange taillé dans du bois, ou la Divine Comédie mise
« en dialecte. Le Code de type français produit l'éclipse
« du droit, parce qu'il substitue le *Journal du Palais*
« aux *Pandectès,* et la raison privée à l'autorité de la
« raison universelle. Il marque, par là, un retour en
« arrière dans la marche de la science, et compromet
« tous les intérêts privés, en leur enlevant la protection
« de la loi vieille et connue, pour les abandonner aux
« incertitudes de la loi nouvelle et aux éventualités de
« la jurisprudence future. Par ces réflexions, je n'en-
« tends pas me déclarer ennemi du Code ; politique-
« ment, je le reconnais nécessaire, je l'accepte, mais à
« la condition qu'il n'ait pas la prétention de codifier la
« science et les principes, lesquels sont immuables ,
« comme cette partie du droit romain qui est certaine,
« et que l'on doit conserver, — à la condition qu'il se
« limite dans la sphère modeste de sa compétence ,
« laquelle est de déclarer les parties douteuses du droit,
« et d'introduire, dans les parties variables, les change-
« ments réclamés par le temps, en ajoutant résolument
« que, dans les autres parties, le droit romain est la loi.

« C'est un article de mon symbole de foi, comme juris-
« consulte. Ainsi sera écarté le préjugé que le Code
« comprend tout le droit et se suffit à lui-même, que
« les *Pandectes* ne sont pas son complément, préjugé
« qui n'est pas vulgaire, mais que j'ai entendu, avec
« étonnement et douleur, professer comme dogme, par
« une personne considérable, dans une circonstance so-
« lennelle.

« Je souhaite de tout mon cœur au gouvernement de
« l'Italie de conquérir la belle gloire de l'indépendance
« législative, qui contribue tant à consolider l'indépen-
« dance politique, de donner à ce beau pays des lois de
« son métal *(del suo metallo)*, de chasser l'étranger de
« la législation où il règne, en ravissant à la patrie des
« jurisconsultes romains la prééminence et l'autono-
« mie, même dans l'ordre civil.* »

Tel est ce document, ou, pour mieux dire, telles en
sont les parties les plus saillantes. J'espère que la Cour
me pardonnera cette longue, mais si intéressante citation.
J'ose dire que, si je l'avais omise, la physionomie de l'en-
quête que nous avons entreprise en eût été altérée. Elle
complète, d'ailleurs, l'exposé de la controverse italienne
sur la question.

Le désaccord profond que cette controverse accuse
dans les esprits a déterminé le gouvernement à revenir
au premier avis qui avait été émis. En renvoyant à des

* V. *La Legge, Monitore giudiziario e amministrativo del Regno d'Italia*,
N° du lundi 6 mai 1861.

temps plus calmes la solution du grand problème, il s'est borné à demander qu'il fût pourvu aux besoins les plus urgents, par des mesures transitoires, contenues dans trois projets de loi soumis au Parlement, dans le cours de la dernière session.

Mais, pour être législativement ajourné, le problème de l'organisation judiciaire italienne n'en subsiste pas moins. Un jour ou l'autre il faudra le résoudre, peut-être même importe-t-il que la solution n'en soit pas trop retardée. On voudra bien, dès-lors, nous permettre de l'aborder à notre tour.

V.

La Cour a déjà pressenti de quel côté se portent nos préférences. Inutile de dire que nous ne nous sentons aucun goût pour les trois instances. Ce mécanisme de trois juridictions, appelées à juger successivement trois fois la même cause, dans les mêmes conditions, la raideur de cette procédure, invariable comme les antiques formules, répugnent tellement à nos idées sur la véritable et saine économie de la justice et ses conditions fondamentales, que nous comprenons à peine qu'un pareil système ait conservé quelque crédit sur l'esprit de nos voisins, et qu'ils ne se hâtent pas de l'abolir.

Détendre cette procédure, en conservant le régime qu'elle féconde et qu'elle met en œuvre, c'est lui ôter sa raison d'être et sa cause efficiente. Je ne me sens pas plus de penchant pour l'institution mitigée que pour l'institution dans toute sa pureté. L'une et l'autre ne sont d'ailleurs compatibles qu'avec un régime fédératif, dans lequel l'autonomie de chaque province serait respectée. Or, ce n'est pas là le but que les Italiens poursuivent.

Toutes mes prédilections, je ne fais nulle difficulté d'en convenir, sont pour le système français, tel qu'il a été successivement défini par nos lois et tel que nous le possédons aujourd'hui. Une procédure souple et rapide, qui, sans ôter au débat sa précision, lui laisse toute son aisance ; deux degrés de juridiction, pour que le droit du plaideur soit suffisamment garanti contre l'erreur ou la surprise, une Cour régulatrice pour veiller à ce que la loi soit respectée. C'est pour l'avoir longtemps vue à l'œuvre et pour l'avoir longtemps pratiquée, à la barre d'abord, où se sont écoulées les plus belles années de ma vie, sur ce siége ensuite, où tout mon zèle est consacré chaque jour à seconder la mission de la justice, dans la mesure de mes forces, que je crois pouvoir déclarer cette combinaison excellente, j'oserais même dire parfaite, si ce mot pouvait être prononcé lorsqu'il s'agit d'une œuvre humaine.

On attaque ce système avec véhémence, et je ne songe pas à répondre à toutes les critiques dont il est l'objet. Il en est même de telle nature, et de si singulières qu'il y aurait plus de singularité, peut-être encore, à les réfuter sérieusement.

C'est ainsi, d'abord, que j'écarterai péremptoirement, et sans m'y arrêter, toutes les observations qui puisent

leur source dans le culte du droit probatoire. De tous
les legs que nous avons reçus de la main des jurisconsultes romains, les maximes du droit probatoire sont,
à coup sûr, le moins précieux. Je ne saurais oublier,
d'ailleurs, que je suis dans la patrie de Descartes,
de Domat, de Voltaire, de Treilhard et de Merlin. Pour
nous, le droit romain n'est pas plus article de foi que
Platon et Aristote ne le sont pour les philosophes. Nous
entendons soumettre ses décisions à l'épreuve du raisonnement et de la critique, et ici je ne fais qu'énoncer
un lieu commun. J'entends souvent élever des plaintes
contre les empiétements, l'ambition et les ravages du ra-
tionalisme ; on le rend responsable de bien des maux,
mais le plus déterminé partisan de l'ancien régime n'a
pas encore songé, en France, à lui contester sa compétence dans le cercle des choses judiciaires. Nous ne
sommes pas en face d'un fait nouveau, notre système de
procédure a fait ses preuves ; il n'a rien à envier à celui qu'il remplace ; la justice s'en est assez bien trouvée,
et je doute que, pour la satisfaction de voir le fait de
leur procès recherché scientifiquement, les plaideurs
fussent bien flattés d'être remis au régime de l'hermétique.

Ne point accorder aux juges de cassation la connais-
sance des faits, et l'attribuer aux juges d'appel n'offre rien
en soi de contradictoire, et ce n'est certes pas parce que
le Tribunal de cassation est hors d'état d'apprécier le point
de fait qu'on lui a refusé le droit de l'examiner. Il y a là
une combinaison heureuse et profonde au moyen de la-

quelle on assure le respect et l'uniforme application de la loi, sans que la Compagnie chargée d'y veiller soit investie du dernier ressort sur le pays tout entier, ce qui, au milieu de beaucoup d'autres inconvénients, aurait eu celui de l'exposer à fléchir sous le poids du travail, et, par l'importance de ses attributions, l'eût peut-être rendue redoutable aux autres branches du pouvoir public.

Mais, parce que le droit d'appel ne se trouve pas successivement accordé deux fois, on voudrait lui contester son utilité.

A ceux qui, à l'appui de cette prétention, invoquent les théories italiennes sur la chose jugée, je n'ai rien à répondre, sinon que nous ne parlons pas la même langue; mais si l'on entend contester la valeur et l'efficacité de l'appel en lui-même, je dirai que l'expérience a prononcé, et que son épreuve est décisive. Rien assurément ne garantit d'une manière absolue que le procès recevra, en appel, une meilleure solution qu'en première instance, mais, en fait, qui oserait soutenir que le contrôle d'une juridiction supérieure n'est pas une condition de bonne justice? Son influence se fait sentir moins encore par l'usage qu'elle peut faire du droit de réformation que parce qu'elle rend les juges du premier degré plus attentifs et plus soigneux dans l'accomplissement de leurs devoirs.

Je ne sais quel homme d'esprit a dit que les érudits trouvent toujours ce qu'ils cherchent. Les origines de l'appel remontent-elles jusqu'aux Hébreux et aux Egyptiens, comme quelques-uns l'ont soutenu? Je n'oserais

l'affirmer. Mais, à coup sûr, l'appel était pratiqué à Spar-
te, à Athènes, à Rome, dès les temps les plus reculés.
Il avait sa place dans l'ancienne législation française, il
est presque contemporain de la monarchie. Il existe en
Allemagne, en France aujourd'hui il est populaire, et je
crois pouvoir dire qu'il l'est aussi en Italie.

Si nous portons nos regards sur des pays placés en
dehors de la tradition habituelle, nous le retrouvons encore. La spécialité de nos attributions nous permet de
pénétrer quelquefois les mystères de la justice turque,
qui passe pour très sommaire. La Cour doit avoir gardé
le souvenir d'un procès qui, après avoir été porté devant
les tribunaux du Sultan, fut, à la suite de longs débats,
attribué à la justice française. Lorsque la juridiction ot-
tomane fut dessaisie, le procès était pendant, en appel,
devant la Sublime Porte, après avoir été jugé en première
instance dans l'île de Chypre.

Partout où il existe des tribunaux réguliers, le droit
d'appel est en usage. Il n'y a d'exception que là où le jury
intervient dans le jugement des procès. Le verdict, ce
mystère de la conscience, cette conviction à laquelle la
loi ne demande aucun compte de ses éléments et n'impose aucune règle extérieure, doit être inattaquable, souverain. Comment appeler d'une conviction à une autre
conviction? Le jury représente le pays tout entier, quel
juge pourrait réformer sa décision?

L'appel est, du reste, une institution qui correspond
aux penchants, aux faiblesses mêmes de l'humanité.
Quel est le sentiment qui domine le plaideur qui suc-

combe? Ce n'est certes pas un sentiment de soumission. Sa première pensée est de se croire victime d'une injustice, son premier mouvement une protestation.

Or, les institutions, à moins de paraître oppressives, doivent être façonnées à l'image de la nature humaine? Il fallait, dans l'ordre judiciaire, laisser l'irritation se calmer, apaiser le plaideur mécontent en ouvrant la porte à un redressement possible. Dans cette observation se trouve la raison philosophique de l'appel.

Mais si l'appel est une si bonne chose, pourquoi ne pas l'accorder dans tous les procès? J'ai quelquefois entendu faire cette réflexion. La réponse est sur vos lèvres, Messieurs. Mais l'objection même est interdite en Italie, où, de par toutes les procédures et aux termes mêmes du dernier Code sarde, tous les procès, même les plus chétifs, sont soumis à deux degrés, au moins, de juridiction.

Dans la sphère du droit appliqué, n'est-il pas vrai qu'un des problèmes les plus difficiles est de savoir dans quelle mesure doit s'opérer le mélange de la théorie et de la pratique des lois. Jusqu'à présent peu de nations sont parvenues à les combiner heureusement ensemble.

Voyez l'Allemagne. Y a-t-il un pays où la science du droit soit plus en honneur, où le droit soit enseigné théoriquement avec plus d'éclat. « L'Allemagne, écrivait-on « naguère dans une notice des plus intéressantes, l'Alle- « magne compte dans ses Universités savantes les juris- « consultes et les romanistes les plus distingués, con- « tinuateurs des glorieux travaux et des savantes leçons

« des Savigny, des Zachariæ, des Mittermaier. Tous les
« ans, elle fournit à elle seule, par ses professeurs en
« titre ou privés, par ses magistrats, ses avocats et ses
« autres fonctionnaires, plus de travaux juridiques et de
« monographies que la France et l'Angleterre réunies.* »
Or, tous ces efforts de l'esprit, toutes ces merveilles de
la spéculation touchent à peine le sol, et, tandis que
l'Allemagne vit par la pensée dans la sphère idéale du
droit, ses lois et sa pratique judiciaires sont gothiques et
conservent scrupuleusement la rouille des temps passés.

Voyez l'Angleterre. Est-il une nation qui ait plus ad-
mirablement montré ce dont l'esprit pratique est capa-
ble? Sous une carapace d'institutions surannées, circu-
lent, dans ce pays, se meuvent et s'épanouissent, à la
faveur d'améliorations progressives et sagement mesu-
rées, la vie moderne, ses besoins, ses exigences, auxquels satisfaction est sans cesse donnée. Je n'ai pas à
rechercher comment la justice s'y rend. Ce que je puis
dire, c'est que le peuple le plus libre, le plus jaloux de
ses droits, le plus ombrageux, ne songe pas à s'en plaindre. Mais ce qu'il faut dire en même temps, c'est que la
jurisprudence anglaise n'est qu'un amoncellement in-
forme de précédents, et que la synthèse ne les a jamais
éclairés de sa lumière.

Pour que la théorie ne restât pas à l'état de vaine aspi-
ration, pour que la pratique ne dégénérât pas en un vul-

---

* *De la justice et des avocats en Bavière et en Allemagne*, par M. Becher,
avocat à la Cour impériale de Paris, p. 28.

gaire empirisme, pour qu'elles pussent toujours se re-
tremper l'une par l'autre, et se prêter sans cesse un
mutuel secours, que fallait-il ? Il fallait une institution
qui, sans détacher la loi des faits auxquels elle s'applique
et qu'elle gouverne, se vouât exclusivement à son culte,
et qui, ayant pouvoir de briser les sentences où la loi
est violée, fût destituée du droit de juger les procès. Là
est le principe même de la Cassation. La cassation est une
institution d'origine française. Nulle autre institution ne
fait plus d'honneur au génie français et ne prouve mieux
à quel point il possède le vrai sens des choses.

Le plus bel éloge que l'on ait fait de la cassation a été de
dire d'elle qu'elle est un tribunal qui décide des hypothèses, un corps académique avec juridiction. Sans doute, la
Cour de cassation n'a pas à s'enquérir si le fait a été déclaré avec vérité, elle le prend tel qu'il est défini et apprécié dans la sentence attaquée. A ce titre on peut dire
qu'elle statue sur des hypothèses. Mais ces hypothèses ne
sont pas imaginaires, elles sont prises dans le vif des faits
accomplis, aux entrailles mêmes du sujet, et la cassation,
en les donnant pour base à sa décision, ne porte aucune
atteinte au droit des parties, qui, le jugement rendu, sa-
vent très bien retrouver les fils respectés ou rompus de
leur procédure.

En tant qu'elle se préoccupe de théorie, la Cour de
cassation peut être justement comparée à une Académie.
Elle a ce que l'on appelle sa doctrine qui, comme tout
ce qui est du ressort de la spéculation humaine, tombe
dans le domaine de la critique. Pourquoi, sous ce pré-

texte, la destituerait-on de sa juridiction ? C'est le propre des choses humaines de se montrer sous plusieurs faces, d'avoir des caractères et des attributs multiples. L'Académie française distribue des prix de vertu. Je ne vois pas que, jusqu'à présent, on ait attaqué ses verdicts pour cause d'excès de pouvoir. Au contraire, elle se flatte de montrer ainsi quel est le but le plus élevé des lettres. Pourquoi vouloir que la cassation qui atteint des choses vivantes comme des arrêts de justice, soit privée de toute influence sur les procès ?

C'est au contraire dans ce mélange de justice et de spéculation que se trouve le côté original de l'institution. C'est par là qu'elle arrive à rendre tous les services que l'on peut attendre d'elle, et c'est ainsi, enfin, que, réunissant les aptitudes de l'Allemagne pour la théorie au génie pratique de l'Angleterre, et les fondant ensemble, la France a conquis ce juste point, cette mesure, ce tempérament si difficile à trouver, que les jurisconsultes romains possédaient à un si haut degré, et qui constitue, dans le droit, ce qui fait à la fois sa supériorité et son utilité.

Que dit-on encore ? Que la cassation est tyrannique... qu'elle est inutile..... Si elle est tyrannique, je confesse que je m'accomode volontiers de ma servitude et que je trouve son joug léger : car, c'est celui de la loi. Les anciens grands corps judiciaires de la monarchie, le Parlement de Paris surtout, ont souvent cédé, sous prétexte de bien public, au penchant qui les portait à sortir du cercle de leurs attributions. Sous prétexte d'améliorations à consacrer, d'équité à faire prévaloir, il leur est arrivé souvent aussi, soit dans des arrêts de règlement, soit dans des décisions rendues sur des intérêts privés, de porter leur esprit d'empiétement sur la loi elle-même et de la fausser. On put reprocher, non sans raison, au Conseil des parties, dont la Cour de cassation continue les fonctions, de ne pas toujours suffisamment fermer l'oreille à la voix de la faveur, aux suggestions de la politique ou aux caprices du bon plaisir. Mais combien différent est l'esprit dont se montre animé le Tribunal illustre qui couronne si majestueusement notre édifice judiciaire. Depuis soixante-dix ans qu'elle brille au frontispice de nos institutions, bien des révolutions ont ébranlé le sol, bien des régimes se sont succédés, qui oserait citer un seul acte arbitraire dû à l'initiative de la Cour de cassation, ou qu'elle ait sanctionné par ses arrêts? Exemple permanent et inaltérable de dévouement au devoir et d'assiduité au travail, tradition vivante de toutes les vertus judiciaires, honneur et flambeau de la magistrature française, la Cour régulatrice, renfermée dans le culte et la contemplation de la loi, ne montre qu'un seul désir, lui rester fidèle, et n'a qu'une seule ambition, assurer son triomphe. Aussi son influence sur la justice se fait-elle plus sentir encore par l'ascendant de ses exemples que par l'usage qu'elle peut faire des pouvoirs qui lui ont été départis.

Dans le conflit des opinions diverses qui peuvent se produire sur l'interprétation d'une loi, quoi de plus naturel que de donner la prépondérance à l'avis dans le-

quel persiste, après examen et contradiction, le plus
élevé par le rang et les lumières. C'est ainsi seulement
que l'accord peut s'établir. A ceux qui prétendraient le
faire dériver de l'entente volontaire entre les tribunaux
de rang égal, j'ai déjà répondu par l'exemple du Piémont, où, d'une loi commune, les Sénats avaient fait
autant de lois diverses qu'il y avait de provinces. Il y a
des choses contre la force desquelles la nature humaine
est impuissante. Si jaloux qu'ils soient d'accomplir leur
mission, les magistrats ne sauraient s'abstraire du milieu
où ils vivent.

Qu'on se figure ce que seraient devenues nos lois,
tiraillées entre la justice du Midi et celle du Nord de la
France, l'une et l'autre imbues de traditions, de maximes
locales, dont la fusion avait été si difficile et qui ne de-
mandaient qu'à se désunir ? Croit-on qu'à cette épreuve,
le Code Napoléon eût conservé son unité ? A la place de
cette imposante unité, qui fait sa force et sa grandeur,
qui assure son empire et ses bienfaits, à côté de toutes
les fantaisies de l'interprétation individuelle, nous aurions aujourd'hui la glose parisienne et celle des provinces, la jurisprudence coutumière et celle du droit écrit.
Au lieu de ce beau droit qui nous régit, nous aurions
une sorte de droit prétorien, enfant du caprice et de
l'arbitraire, assez semblable à celui dont on disait jadis :
« Qui nous délivrera de l'équité des Parlements. »

VI.

Pourquoi, dès-lors, ne pas appliquer le système français à l'Italie ? Je sais qu'il ne faut pas imposer à une nation des institutions qui répugnent à son génie, et qu'il faut, avant tout, savoir s'inspirer de ses goûts et de son esprit. Mais l'Italie n'est-elle pas d'avance façonnée au système des deux instances et de la cassation, par l'usage si intelligent qu'elle en a su faire partout où elle a pu le faire prévaloir. Pourquoi le compliquer d'un troisième degré de juridiction ? Au mois de janvier dernier, on opposait des raisons politiques, judiciaires et topographiques ; je doute fort qu'elles fussent aujourdhui invoquées.

La conservation de grands corps judiciaires, dans les principaux centres du royaume italien, se rattachait à un système de transition, jugé, dans le principe, indispensable, soit comme adoucissement au sort réservé aux anciennes capitales des Etats annexés, soit comme acheminement vers l'unité. Ce système, que l'on a appelé le système des régions, avait trouvé ses circonscriptions toutes faites dans la Toscane, la Lombardie et l'Emilie. Mais l'annexion de Naples est venue détruire toutes ces conditions. Capitale d'un royaume presque aussi vaste que tous les petits Etats du nord réunis ensemble, il aurait fallu, pour établir l'harmonie, créer de nouveaux centres régionaux dans les Calabres, la Pouille et les

Abruzzes, c'est-à-dire introduire la diversité là où l'u-
nité existait déjà. De là, le discrédit dans lequel est tom-
bée la *région*, je ne dis pas dans l'opinion, où elle n'a
jamais eu de succès, mais dans les conseils mêmes du
gouvernement.

Les conditions topographiques ou juridiques ne sauraient être considérées comme un obstacle bien sérieux,
là où le juge possède, dans son cabinet, les éléments de
solution des procès, et où, par conséquent, il peut être
éloigné des plaideurs sans inconvénient. Ne pourrait-on
pas, d'ailleurs, ainsi que le demandait un des membres
de la commission, faciliter aux plaideurs le moyen de se
défendre en cassation, en leur permettant de déposer
leurs pièces au greffe du tribunal qui aurait rendu la
sentence attaquée, lequel se chargerait, d'office, comme
cela se pratique dans les matières criminelles, de faire
parvenir ces pièces à la Cour suprême, ainsi que les défenses contradictoires.

Il est un dernier argument que je m'afflige d'avoir
rencontré sous la plume d'un personnage aussi élevé et
aussi grave que M. le président Gaëtano Bandi. La Cassation, dit-il, c'est l'étranger, et il faut chasser l'étranger
de nos lois.

Combien notre conduite a toujours été différente, et
combien nous nous sommes montrés moins orgueilleux.

Nous pouvons nous vanter, je crois, d'avoir fait une
assez bonne figure devant l'histoire. Nous aussi, nous
avons eu notre unité à conquérir et nous y avons tra-

vaillé longtemps. Eh bien, savez-vous à qui nous sommes allés demander notre premier soutien ?

Lorsque, dans le courant du douzième siècle, sur les *Pandectes* nouvellement retrouvées, se fut exercé le cu_rieux esprit des docteurs de Bologne, les légistes français qui, eux aussi, avaient leur mission, s'abreuvèrent, à leur tour, à ces sources vives, et ces infatigables promoteurs de l'unité et de la centralisation françaises ne dédaignèrent pas, sous prétexte qu'ils étaient Italiens, d'emprunter des armes, au profit de leur cause, à Irnérius et à ses compagnons.

De nos courses à travers l'Italie, au seizième siècle, et des grands coups d'épée que nous y avons donnés et reçus, ce que nous avons rapporté de plus clair, c'est un goût tout nouveau pour les arts et un ardent désir de culture intellectuelle. Or, nous qui pouvons nous flatter d'avoir été originaux avant et de l'être redevenus depuis, nous avons alors copié l'Italie, cette belle et noble Italie, où l'art avait un si splendide épanouissement, et dont la renaissance avait précédé la nôtre.

Le rajeunissement des études historiques en France, au commencement de ce siècle, a ramené les esprits à rechercher la loi des sociétés humaines. Quelle est la doctrine qui a réuni le plus d'adeptes? C'est celle qui fut proclamée, au siècle dernier, par l'italien Vico, dont un des plus illustres jurisconsultes contemporains a dit ce que Cicéron disait de Platon : *Quem ego vehementer sequor*.

Bacon nous a fourni la méthode avec laquelle la plupart

des sciences ont accompli tant de merveilles. Le spectacle de l'Angleterre a inspiré l'*Esprit des lois*. Quand nous voulons inoculer à la jeunesse la passion du beau, nous l'envoyons à Rome. Quand nous voulons lui montrer les formes les plus parfaites qu'ait revêtues la pensée, nous l'envoyons à Athènes.

Le comte de Cavour, qui était aussi grand économiste que profond politique, se flattait d'appartenir à l'école anglaise, et le Piémont n'a pas à se plaindre d'avoir vu ses conditions économiques transformées sous l'influence des doctrines de cette école.

Les nations ne donnent jamais une plus grande preuve de vitalité que lorsqu'elles se tournent du côté d'où leur vient la lumière. Rome ne s'est élevée à un si haut degré de grandeur, c'est une remarque qui a été faite par Montesquieu, que parce qu'en conservant son propre génie, à mesure qu'elle triomphait de ses ennemis, elle savait leur dérober ce qu'ils possédaient de bon, armes, procédés, usages, tactique, institutions.

Or, la France n'entend imposer son joug à personne, celui de ses institutions pas plus que tout autre, mais que personne n'oublie non plus que, si elle est une nation qui se bat, on a pu dire d'elle avec autorité qu'elle est aussi une nation qui enseigne....

Je crois superflu de prendre ici en main la défense de nos Codes. La question de la codification des lois a été si souvent débattue qu'elle peut être regardée comme épuisée ; le temps me le permettrait que je ne me sentirais pas le courage de la reprendre. Pour ce qui est de nos Codes en particulier, ils ont assez bien fait leur chemin dans le monde, et l'honneur d'être devenus en quelque sorte le droit commun de l'Europe, d'être enseignés théoriquement en Allemagne à titre de législation modèle, d'avoir pris racine partout où ils ont été portés, non-seulement en Europe, mais sur la surface du globe entier et sous toutes les latitudes, les venge suffisamment des attaques dont ils ont été l'objet.

Ces Codes n'ont certes la prétention ni d'être toute la science, ni de se suffire à eux-mêmes. Ce fut l'illusion de quelques esprits à l'époque de leur publication. On raconte qu'à l'apparition du premier commentaire, l'Empereur Napoléon Ier lui-même s'écria : « Mon Code civil est perdu. » Mais cette illusion fut de courte durée. L'interprétation des lois est aujourd'hui ce qu'elle a toujours été, une des œuvres les plus difficiles de l'intelligence, œuvre complexe qui doit appeler à son aide la science et l'expérience, le raisonnement et l'analogie, l'examen attentif et réfléchi des textes, la tradition historique, l'étude approfondie des jurisconsultes de tous les âges et de tous les pays. Et encore tous ces efforts seraient-ils vains ou dangereux, s'ils n'étaient perpétuellement éclairés par les principes de cette morale universelle, dont le germe a été déposé par Dieu lui - même au fond de la conscience humaine. L'ensemble de ces principes constitue à son tour un droit supérieur, institué de toute éternité, et dont l'étude n'est pas moins indispensable au jurisconsulte que celle de la loi écrite, qui n'en est et n'en sera jamais que l'incomplète et imparfaite manifestation,

Les lois romaines, dont le recueil compose le *Digeste*, sont sans contredit, le plus grand, le plus magnifique monument qui ait été élevé à la science du droit. Ces lois ne sauraient être trop méditées. Nul ne peut aspirer à porter le beau nom de jurisconsulte s'il ne s'est nourri de cette moelle, s'il ne s'est assimilé cette forte substance· Mais les *Pandectes* ne sont elles-mêmes ni toute la science, ni surtout la formule définitive du droit.

La science est progressive, le droit obéit à la même loi.

Le droit, dans ses manifestations contingentes, s'empreint toujours des habitudes, des mœurs, des préjugés et des théories du pays et du temps où elles se produisent. Lorsque les jurisconsultes romains sculptaient leurs aphorismes d'une main aussi ferme qu'ingénieuse, il ne faut pas oublier que le premier principe de la société humaine était la force, et que l'esclavage en était la base. Le principal titre de gloire de ces grands jurisconsultes, est d'avoir réagi contre l'âpreté du vieux génie latin, contre ses tendances trop altières et trop exclusives, et, en la pénétrant des maximes de la philosophie stoïcienne, d'avoir tempéré encore ce que l'antique loi conservait de dur et de farouche, même après les adoucissements successivement introduits par les préteurs.

Mais avant même que Papinien n'eût écrit, dans un petit coin de la Judée, une vive et pure lumière avait paru. Une doctrine était enseignée, aussi supérieure au stoïcisme que le ciel est supérieur à la terre, que l'amour de l'humanité l'emporte sur le hautain isolement de la fierté philosophique. Ce n'étaient ni des grands de la terre, ni des esprits accoutumés à vivre sur les cimes élevées de la pensée, qui en avaient reçu le premier dépôt, mais des illettrés, des pâtres, des artisans, de pauvres pêcheurs. Un jour, douze de ces déshérités se réunirent au pied d'une croix, et, pleins d'ardeur, éloquents, invincibles, ils se dispersèrent de par le monde pour y répandre la loi nouvelle. Eternel sujet de méditation et de douleur profonde ! Etrange destinée de cet être incompréhensible qui a soif de vérité, qui la recherche avec passion, et qui, lorsqu'elle apparaît, la repousse ! Et quelle obstination l'homme n'a-t-il pas montrée dans son aveuglement ! Depuis le jour où Dieu pétrit le monde de sa main toute-puissante, la vérité n'a presque jamais brillé sur la terre que pour y éclairer des combats livrés en son nom ou contre elle, des holocaustes humains offerts à sa glorification, ou sous le poids sanglant desquels on a prétendu l'étouffer. Que ce spectacle ne soit pourtant pas pour nous un sujet de découragement ! En vain les glaives se tirent, en vain les échafauds se dressent, en vain les bûchers s'allument pour lui disputer son empire, c'est à la vérité qu'est toujours réservé le dernier triomphe !

La parole de vie apportée aux hommes, il y a dix-huit siècles, devait d'abord conquérir les âmes. Elle s'est imposée à elles au milieu du plus grand des cataclysmes dont l'histoire ait fait mention. Après dix-huit cents ans de crises, de combats, de catastrophes, de travaux et de persévérance, elle a fini par s'inscrire dans nos institutions. Le Code Napoléon en est la consécration dans l'ordre civil. Voilà pourquoi il n'est ni l'éclipse, ni le lit de Procuste du droit, mais, au contraire, son expression la plus haute, la plus sage et la plus pratique.

Il est temps de finir. Aussi bien, Messieurs, n'ai-je peut-être déjà que trop abusé de votre patience. Si ce discours doit sortir des limites de cette enceinte, s'il doit avoir quelque retentissement au delà des Alpes, j'ose espérer qu'on y reconnaîtra les accents d'une âme profondément dévouée à la cause de l'indépendance et de la régénération de l'Italie. Il ne me reste plus qu'un vœu à former, c'est que l'Italie ne sépare jamais cette cause de celle de la France. Là est le salut. Il est aussi, pour elle, dans la prudence, le tact supérieur et l'irrésistible ascendant du Prince auguste qui dirige nos destinées avec tant de sagesse, et qui a porté si haut notre gloire, comme il s'est rencontré, au jour du premier effort, dans son élan intrépide et dans son initiative résolue. Les difficultés à surmonter sont grandes, que l'Italie se rassure, elles seront aplanies. Qu'elle écoute la voix de son Roi bien-aimé, qui a commandé le calme à son bouillant courage et qui, le premier, comprend qu'il est des questions qui doivent se dénouer autrement que par l'épée. Que l'Italie continue d'avoir foi dans la France et dans l'Empereur, et son unité sera fondée.

La mort nous a prématurément séparés de notre excellent Doyen. Une faveur, dont mon cœur garde une vive reconnaissance, m'a déjà permis de rendre un premier hommage à cet homme rare, à cette âme élevée, à cet esprit profondément cultivé. Versé dans le droit romain, non moins que dans la tradition provençale, M. le conseiller Rouchon aimait à vivre dans le commerce des vieux livres, sans oublier toutefois que le temps, de son aile rapide, avait emporté loin de nous l'objet de ses prédilections, que des institutions nouvelles avaient remplacé les anciennes, sans cesser d'être de son époque. Quels soins inquiets, quels scrupules, quelle religion n'apportait-il pas dans l'accomplissement de ses devoirs! « La justice, dit-il dans un de ses ouvrages, est un culte « qui réclame un sanctuaire et un collége de pontifes. « Le commun des citoyens n'y viennent que comme « simples auditeurs et témoins, dans le recueillement et « le respect que l'on porte aux autels de la divinité.* » M. Rouchon fut avant tout un homme sincère. Ainsi il écrivait, ainsi il pensa, ainsi fut-il.

Autant la carrière de M. Rouchon fut une, concentrée, recueillie, autant celle de M. le conseiller honoraire Vallet avait été diverse, expansive et parfois retentissante. Mêlé aux luttes et aux mouvements de la politique, il en avait connu les périls, il en connut aussi les retours.

La Révolution de 1830 le trouva dans les rangs du barreau, et le rendit aux fonctions du ministère public, qu'il avait tenues avec honneur sous le premier Empire. Dans ces situations diverses, il fit briller une éloquence

* *De la Politique*, par M. Rouchon, p. 145.

colorée, abondante, aux éclairs de laquelle devait survivre la bonté de son cœur, source de ses meilleures et de ses plus fécondes inspirations. Le moment vint où des fonctions moins actives lui furent nécessaires. Il les trouva naturellement au milieu de cette Compagnie qui l'accueillit avec empressement et où il continua de concourir à l'œuvre de la justice, jusqu'au jour où la loi elle-même lui commanda le repos. Il se retira, alors, loin des bruits du monde et il sut encore s'y créer des loisirs laborieux.

C'est là, que, dans sa 88ᵉ année, sa longue vie vient de s'éteindre doucement, au sein d'une retraite embellie par la culture des fleurs, le goût des arts, l'amour des lettres, visitée par l'amitié et sanctifiée par la piété filiale.

MESSIEURS LES AVOCATS,

La solidarité qui unit la Magistrature et le Barreau s'est rarement manifestée d'une manière plus éclatante que cette année. Il y a vingt ans, votre Ordre donnait un de ses maîtres à la Cour, heureuse de le conquérir, après s'être longtemps éclairée de sa parole ardente et substantielle. La loi, qui éloigne aujourd'hui de nous M. Moutte, a permis qu'il vous fût rendu. Les années, si fatales aux autres, semblent n'avoir pas eu de prise sur sa forte organisation. Il reportera dans vos rangs les qualités éminentes qui le distinguent, son expérience consommée des affaires, sa forte doctrine, son application passionnée au travail. Les lumières qu'il apportait auparavant dans la chambre du conseil nous sont déjà venues de la barre, et la justice a eu à se féliciter de n'en être pas privée.

Il y a sur ce banc des talents qui ne craignent aucune rivalité : chaque jour nous le prouve. L'indépendance est le plus bel attribut de votre noble profession, lorsqu'elle prend son point d'appui dans la loi, lorsqu'elle se définit par le respect pour la magistrature, et qu'elle s'épure par le désintéressement. Vous saurez être jaloux de perpétuer parmi vous ces antiques vertus de votre Ordre.

Enseignez-en la pratique assidue aux jeunes générations qui s'avancent, qui s'instruisent à vos leçons, s'inspirent de vos exemples, et qui, lorsqu'elles vous auront remplacés à leur tour, se montreront empressées de continuer les traditions de ceux qui les auront précédées dans la carrière.

MESSIEURS LES AVOUÉS,

On ne saurait parler de la constitution de la justice sans que la pensée se porte sur vous. Vos utiles fonctions ont une place réservée dans les meilleures organisations modernes. Elles vous imposent d'étroits devoirs : nous sommes témoins que vous savez les remplir.

NOTE.

La Commission d'organisation judiciaire, nommée par **M.** le garde des sceaux Cassinis et présidée par lui, était composée de :

MM. DOMENICO DEFERRARI, procureur général du Roi près la suprême Cour de cassation de Milan ;

ONORATO VIGLIANI, procureur général du Roi près la Cour d'appel de Turin ;

MATTEO PESCATORE, conseiller à la Cour de cassation ;

VINCENZO MARIA MIGLIETTI, avocat (aujourd'hui Garde des sceaux) ;

PASQUALE MANCINI, professeur ;

GIACOMO ASTENGO, avocat.

Elle a tenu trois séances, les **21**, **22** et **23** janvier **1864**, et s'est ensuite indéfiniment ajournée. Je dois la communication de ses procès-verbaux à la bienveillante obligeance de M. Vigliani, procureur général à Turin, magistrat du plus rare mérite. Je le prie de vouloir bien agréer ici l'expression de ma reconnaissance. Il y a peu d'années encore, M. Vigliani occupait les fonctions d'Avocat fiscal général à Nice. Les magistrats qui, à la même époque, faisaient partie du Parquet d'Aix, garderont toujours le meilleur souvenir des relations qu'ils ont eues avec lui.

Je dois aussi des remercîments à M. le président Gaëtano Bandi, pour l'attention qu'il a eue de me procurer le numéro de la *Legge* qui contient son travail. Je le prie de croire que la vivacité, avec laquelle j'ai combattu ses théories ou repoussé ses attaques, n'ôte rien au respect que m'inspirent son caractère, son profond savoir et l'ardeur même qu'il a mise à défendre des convictions que je ne saurais partager.

—

www.ingramcontent.com/pod-product-compliance
Lightning Source LLC
Chambersburg PA
CBHW051635060726
47597CB00004B/1583